HÉGÉSIPPE MOREAU.

PROVINS. — IMP. DE LEBEAU.

HÉGÉSIPPE MOREAU.

SA MORT. —
SES FUNÉRAILLES. —
SA TOMBE.

I.

Le 20 décembre 1838, vers le milieu de la journée, un homme, employé à l'hospice de la Charité,
à Paris, se présenta chez M. Sainte-Marie Marcotte,
et dit ces simples mots :

Le n° 12 est mort.

. . . .

Le moribond que la pitié publique avait ainsi
catalogué, était un poète, jeune encore, épuisé par
les privations, consumé par une phthisie impla-

cable, et qui subit ce cruel et ironique destin de vivre pour enfanter douloureusement un livre et de mourir pour le faire connaître.

C'était Hégésippe Moreau, l'auteur du *Myosotis !*

Sa vie ne fut qu'une longue et poignante agonie. Raconter sa mort c'est donc résumer son existence entière.

II.

Le moment semble venu, d'ailleurs, d'apprécier en toute liberté et de considérer sans parti pris, la physionomie si intéressante, si mobile et si sympathique de celui dont le talent lui créa tant d'envieux, dont les fougueuses aspirations politiques lui fermèrent tant de portes, dont les vigoureuses flagellations lui firent tant d'ennemis et dont l'existence si incomprise lui suscita tant de détracteurs. Certaines figures veulent être jugées à distance. Le temps est un grand justicier : Il détruit bien des préjugés et dissipe bien des erreurs. Sans parler des amertumes qui abreuvèrent l'existence du poëte, la mémoire d'Hégésippe Moreau fut souvent persécutée à cause des sentiments d'indépendance et de revendication politiques qui agitèrent sa vie entière. Il eut toujours le tort, aux yeux des séides de toutes les monarchies, de se défier de tous les despotismes, qu'ils émanassent des empereurs ou des rois, et de leur préférer la République.

Les aspirations du poète triomphent aujourd'hui, et il pourrait encore, s'il vivait, lancer à la face des nations qui, se croyant indignes de la liberté, veulent se donner un maître, sa dédaigneuse et sanglante apostrophe :

Peuples qui mendiez des rois, Dieu vous bénisse !

III.

Nous ne voulons point rechercher par suite de quel fatal enchaînement de circonstances, H. Moreau, doué d'une conception poétique si puissante et si rare, et qui est entré aujourd'hui en pleine possession d'une gloire que personne ne songe à contester, vint échouer et mourir à vingt-huit ans sur un lit d'hôpital. Ses biographes et ses critiques se sont posé cette question avant nous, et ont accusé tour à tour la société, d'imprévoyance et d'ingratitude, et Moreau, d'orgueil et de faiblesse. Pauvre poète ! Ce ne fut ni sa propre faute, malgré les calomnies qu'éditèrent contre lui ceux qui ne purent jamais faire capituler sa conscience, ni même celle de ses contemporains qui le méconnurent pour la plupart, ou qui froissèrent son excessive délicatesse par leurs sollicitudes mesquines et souvent irritantes.

Il faut chercher ailleurs la solution de l'étrange existence de ce sphynx poétique.

H. Moreau ne pouvait, quoi qu'il tentât, faillir

à la destinée, et la sienne était, comme à bien d'autres poètes, tracée à l'avance : Languir et souffrir.

C'était d'ailleurs la conséquence physiologique de son organisation, essentiellement rêveuse et poétique. Il le dit lui-même quelque part (1) : « *Dieu m'est témoin que je suis un vrai poète, malheureusement je ne suis que cela.* » Tout le secret de sa vie est dans ces mots.

« *La poésie,* ainsi que l'a exprimé plus tard Proud'hon (2), *le tenait comme un tubercule au poumon; malgré tous ses efforts, et il en fit d'héroïques, il fallait qu'il succombât! Il n'y a pas de courage contre la consomption de l'âme, pas plus que contre celle du corps.* »

L'âpre énergie et cette foi robuste qui accompagnent d'ordinaire les âmes vigoureusement trempées lui manquèrent toujours pour lutter à armes égales, je ne dirai pas avec, mais contre la vie qui lui fut si constamment ingrate. Il n'était pas taillé pour une pareille rencontre et il devait être infailliblement vaincu avant d'entrer en lice. Le paria, pour qui la destinée est une dure marâtre, doit doubler dans la vie sa vaillance et son opiniâtreté. Moreau, trop faible, hélas ! pour renouveler ses efforts, resta au-dessous de la tâche et s'affaissa aux premières étreintes.

---

(1) Correspondance de Moreau.

(2) Dans son ouvrage sur la *Justice dans la Révolution et dans l'Eglise.*

IV.

Son esprit même, si puissamment doté, se ressentit toujours de l'incertitude de son organisation matérielle, car le fonctionnement et les spéculations de l'intelligence sont intimement liées à l'activité de l'être physique. Il chercha toujours, comme on dit, sa VOIE, et manifesta dans ses idées de continuelles hésitations. Celui qui a cherché à faire l'analyse psychologique du poète a pu remarquer chez lui une grande mobilité d'impressions et de sensations. On entrevoit dans son esprit, à côté de convictions ardentes et permanentes, des doutes anxieux. Il semble que sa pensée, flottante et indécise, n'ait pu parvenir à une complète maturité. S'il est vrai que ses sentiments politiques furent toujours les mêmes et se manifestèrent constamment par sa haine envers les rois, il faut reconnaître que sa morale et sa philosophie furent essentiellement éclectiques, et qu'en religion, il fut tour à tour dévôt, mystique et déiste. Ses idées, à cet égard, se modifiaient suivant les temps, le lieu, les circonstances : Son livre en est la foi écrite.

V.

Malgré cela et peut-être à cause de cela, son talent s'est prêté merveilleusement aux concep-

tions les plus variées et les plus opposées. C'est
ainsi qu'à côté de ces poésies qui sont dans toutes
les mémoires, expressions directes et spontanées
du cœur, purs chefs-d'œuvre inspirés par le plus
doux sentiment, la reconnaissance la mieux jus-
tifiée ou l'amour de son pays d'adoption, comme
l'*Isolement*, la *Fermière*, et la *Voulzie*, le lecteur
peut rencontrer dans son livre, des compositions
plus viriles dans lesquelles le poète apparaît doublé
d'un penseur et d'un philosophe, comme l'*Hiver*,
où portant plus loin que ses contemporains ses mé-
ditations hardies, il exprime énergiquement ses
revendications humanitaires ; et le *Parti Bonapar-
tiste*, où il sût trouver des accents d'une prophétie
impitoyable, et où il s'écriait, devant les agisse-
ments ténébreux des sycophantes de l'Empire :

« Qu'on n'oppose donc plus sur d'antiques pennons
« L'aigle à la fleur de lys, et des noms à des noms !
« La science héraldique est éteinte, et la France
« En vieillissant, confond dans son indifférence
« Sa race tricolore et ses blancs souverains,
« L'huile de Notre-Dame et l'ampoule de Reims. »

Nous ne pouvons donner de plus longs développe-
ments à cette étude physiologique et psychologique.
Nous avons voulu simplement montrer ce que fut

l'homme, le poète; d'autres ont dit ce que fut le penseur, l'écrivain.

Tous les deux ont droit à notre sympathie et à notre admiration.

VI.

Le soir même de la mort d'Hégésippe Moreau, on lut dans le *National*, organe de la démocratie et de la liberté :

« Un grand poète vient de s'éteindre sur un
« grabat d'hôpital. M. Hégésippe Moreau, l'auteur
« du *Myosotis*, est mort ce matin à l'hospice de la
« Charité, à l'âge de vingt-huit ans, à la suite d'une
« longue maladie, fruit d'une longue misère.
« Hégésippe Moreau est, au moment où nous
« écrivons ces lignes, couché sur un lit d'amphi-
« théâtre. Pauvre et modeste travailleur, il laisse
« pour tout bien quelques feuilles éparses, précieux
« héritage, que l'amitié est allé soigneusement
« recueillir sous son chevet mortuaire. Nous invi-
« tons les amis d'Hégésippe Moreau, les jeunes
« gens des écoles, les ouvriers typographes dont il
« était le collègue, en un mot tous les patriotes à
« qui sont consacrés la plupart de ses chants, à
« venir assister à ses modestes obsèques. Il est bien
« digne de funérailles populaires, l'humble et
« simple génie dont, en 1838, le convoi sortira
« par une porte d'hôpital. On se réunira à la

« Charité, demain jeudi, à deux heures moins un
« quart. »

Le lendemain, à l'heure dite. par un froid intense,
3,000 personnes de tout rang et de toutes condi-
tions, littérateurs, journalistes, étudiants, ouvriers
typographes, suivirent, silencieux et recueillis, au
cimetière du Mont-Parnasse, la bière du poète,
qu'entouraient Félix Pyat, Armand Marrast, qui
fut maire de Paris, le chansonnier Béranger, et
Berthaud, du *National*.

Ce dernier, au nom de l'amitié qui l'unissait au
poète, retraça, avec une chaleureuse et sincère
émotion, la vie si éprouvée et si triste de Moreau,
ses espérances et ses désenchantements, ses joies
et ses angoisses, ses efforts toujours stériles, ses
déboires, ses découragements, son agonie, sa
mort. . . . . . .

Dans cette foule si impressionnable et si enthou-
siaste, devant ces accents si pénétrants, plus d'un
cœur se brisa. . . . . . .

Moreau était vengé !

Ses funérailles sonnèrent en même temps le
baptême de sa gloire.

La renommée, hélas ! posthume, s'attacha dès
lors à son nom et la postérité s'empara de son
livre.

Et le Mont-Parnasse, expression de la poésie, et
refuge de sa sépulture, devint, tout à la fois, par
une antithèse ironique, et son Calvaire et son
Panthéon.

VII.

Le corps de Moreau avait été provisoirement
inhumé dans un terrain commun.

Une souscription ouverte dans le but d'acquérir
un coin de terre où l'on pût soustraire ses restes à
une complète dispersion, ne produisit aucun ré-
sultat, et le destin, poursuivant le poète jusque
dans la tombe, allait éparpiller ses cendres, quand
un homme de cœur, qui fut son constant ami,
M. Sainte-Marie Marcotte, acheta personnellement
la concession perpétuelle d'un terrain dans lequel
le corps de Moreau repose encore aujourd'hui.

M. Sainte-Marie Marcotte raconte ainsi, avec
une discrétion qui l'honore, dans la biographie
qu'il lui a consacrée (1), la translation des cendres
de son ami :

« Un matin, au mois de janvier 1840, deux
« jeunes gens suivaient tête nue, à travers le cime-
« tière du Mont-Parnasse, les fossoyeurs qui
« avaient exhumé de sa fosse provisoire le corps
« de Moreau et le portaient à son dernier asile. Ils
« étaient seuls. »

L'un de ces deux jeunes gens était M. Sainte-
Marie Marcotte lui-même.

____

(1) Le *Myosotis*, avec notice biographique par M. Sainte-
Marie Marcotte. Librairie Paul Mascana, Paris. 12 éditions,
de 1840 à 1857.

VIII.

Aucun changement n'a été apporté depuis 1840, à la tombe de Moreau. Le lierre seul a envahi la grille qui l'entoure. Humble, recueillie, mystérieuse et méconnue, échappant aux regards de tous les profanes, abritant sa nudité sous les sapins qui la dominent, elle est bien le reflet symbolique de l'existence discrète et ignorée du poète.

Le plus sceptique ne saurait se soustraire à une émotion naturelle en considérant cette simple et modeste pierre sur laquelle un soin pieux a gravé ces mots, que le temps a presque effacés :

Hégésippe Moreau,

Né à Paris,

Mort le 19 décembre 1838.

Peu de tombes ont été, de la part des poètes, l'objet d'un aussi fervent pèlerinage. Tous ceux qui ont ressenti la foi et développé leurs inspirations poétiques ; tous ceux qui ont connu, tous ceux qui ont lu Moreau, tous, ont visité son suprême asile : Ceux-ci, désespérés, fatigués de la lutte humaine, subissant vers ce mausolée une attraction irrésistible, venant y répandre les plaintes de leur vie décevante, courbant dans leur immense lassitude, leurs fronts meurtris sur la pierre, et puisant, comme des Antées, sur cette tombe palpitante, de nouvelles forces pour de nouveaux efforts ; ceux-là, envahis par une insondable mélancolie, venant demander au poète le secret de leurs douleurs qu'il analysa si profondément dans son livre. D'autres, conduits par le respect qu'impose le malheur, ou la sympathie qu'inspire le talent.

IX.

Ce poétique pélerinage inspira souvent, chez ses visiteurs, les accents les plus émus et les plus touchants.

C'est d'abord le regretté Pierre Dupont, à qui H. Moreau est doublement cher, et comme poète, et comme enfant de Provins par affection, qui écrit :

« Passant, sur la pierre qui s'use
« Aux baisers de l'air et de l'eau,
« Lisez un nom cher à la muse :
   « *Hégésippe Moreau !* »

C'est ensuite Lachambeaudie qui s'écrie, en songeant au *Myosotis,* seul héritage du poète :

« Salut à vous, fleur de saphir,
« De l'amour gracieux emblème !
« Douce compagne du zéphir,
« *Plus je vous vois, plus je vous aime !* »

C'est enfin le jeune Armand Lebailly, enlevé trop tôt à l'amitié posthume qu'il avait vouée au poète, qui consacra à la mémoire d'Hégésippe Moreau deux volumes empreints d'un culte pénétrant (1), et qui écrivit sur sa tombe ces vers à la fois doux et tristes :

> « Moreau chanta les thyms et les abeilles,
> « Les soirs rêveurs et les soleils levants,
> « Et la Voulzie aux ondines vermeilles,
> « Les peupliers balancés par les vents,
> « Les frais ruisseaux, les fauvettes timides......
>
> « Il n'avait pas songé, le pauvre enfant,
> « Que l'hôpital avait ses Pyramides,
> « Son chant de gloire immense et triomphant! »

X.

Mais aujourd'hui, hélas! quand de tous côtés, il se produit en faveur du poète une réaction puissante, que son nom est partout populaire, que son livre est dans toutes les mains, qu'il est cité à côté des maîtres, que son œuvre est accueilli avec enthousiasme au milieu des lectures poétiques de Mme Ernst, l'éminente lectrice de la Sorbonne, et

------

(1) Armand Lebailly. 2 petits volumes avec eaux fortes par G. Staal : Hégésippe Moreau, sa vie et ses œuvres; correspondance et œuvres inédites. Librairie de Mme Bachelin-Deflorenne. Paris, 1863.

de Mme Agar, la tragédienne applaudie, qu'en un mot et pour employer l'expression du conseil municipal de Provins, puisée dans le dispositif de l'arrêté relatif à la rue qui porte son nom : « *La postérité a commencé pour lui,* » il semble que, par une contradiction inexplicable, la tombe de Moreau soit désormais condamnée à un complet abandon.

Couverte d'une simple pierre tombale que les hivers ont chargée de mousse et de détritus végétaux, écrivait tout récemment M. Edouard Pesch, le dernier biographe du poète, *entourée d'une grille dont le lierre semble couvrir la sordide nudité, enfouie sous les buissons voisins qui se penchent sur elle de tous côtés, elle semble subir en tout l'outrageant oubli qui frappa la vie du poète* (2).

---

(2) Dans son livre cité plus haut, Armand Lebailly donne pour trouver, au cimetière du Mont-Parnasse, la tombe de H. Moreau, des indications qui nous paraissent obscures et insuffisantes.

Nous les reproduisons ici, complétées et simplifiées autant qu'il nous a été possible.

Pour parvenir à cette tombe, il faut suivre l'allée centrale du cimetière qui commence à la maison du conservateur jusqu'au rond-point. On prend alors l'allée à gauche. Après avoir fait une quarantaine de pas on trouve à gauche un petit sentier qui conduit immédiatement, à gauche encore, devant une sépulture destinée à quelques membres de la famille d'Aguesseau.

La pierre funéraire de Moreau, entourée d'une grille, se trouve derrière et un peu à droite de la sépulture des d'Aguesseau, et au milieu de tombes de la plus humble apparence.

Tel est à cette heure l'aspect de la sépulture de Moreau. Quand le temps, qui vient à bout de tout, aura tôt ou tard et si l'on n'y prend garde, déchaussé ou brisé la modeste pierre qui protège ses cendres, les restes du poète seront sans asile.

Son chant suprême cessera alors d'être une fiction, et son âme pourra, ainsi qu'il le disait, sourire aux enfants,

> *Lorsqu'avec ses os blancs*
> *Ils ébattront les voix du cimetière.*

Jules **MORET**.

Provins, 13 mars 1871.

Elle est située, du reste, entre les restes mortuaires d'Hippolyte Voinchet, d'un côté, et de Mme veuve Audran, de l'autre.

J. M.